Libro da colorare
SISTEMA SOLARE
per bambini

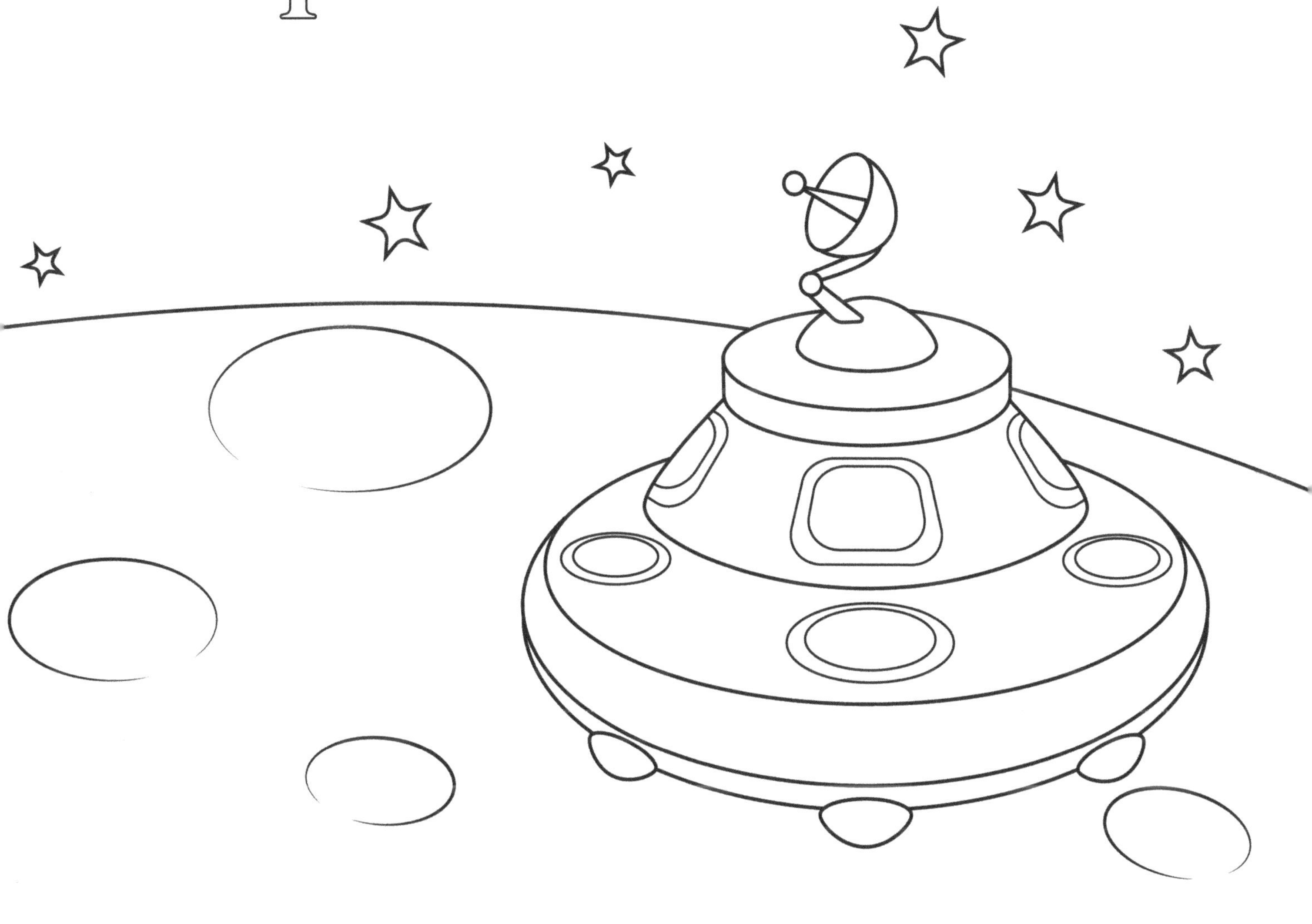

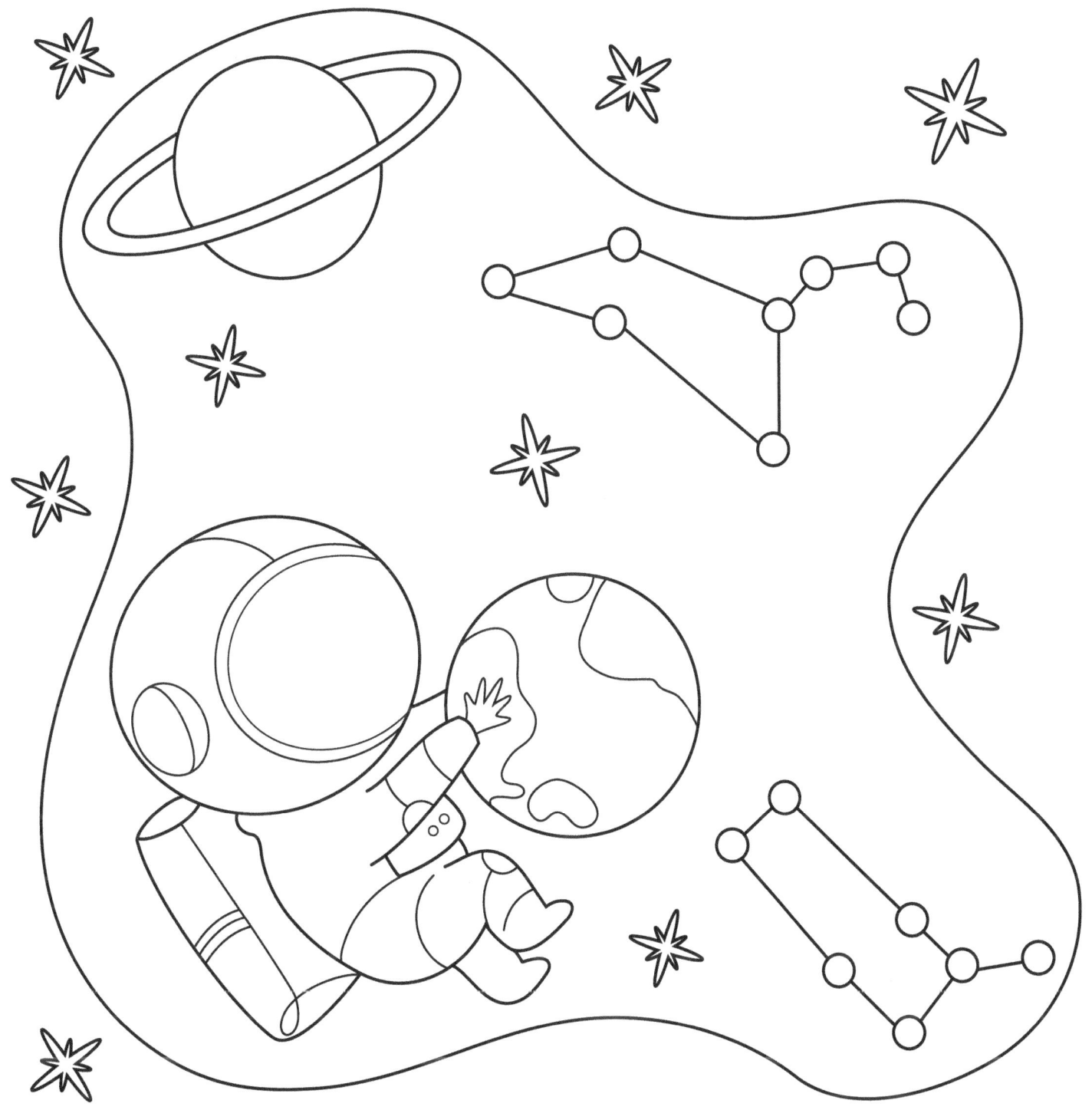

ANCHE DISPONIBILE

Auto e camion e veicoli da costruzione libro da colorare:
Per bambini di 6-8, 9-12 anni
Copertina flessibile ISBN: 978-1989790342

www.ingramcontent.com/pod-product-compliance
Lightning Source LLC
LaVergne TN
LVHW070222080526
838202LV00068B/6882